Fitnessmarketing

Preismanagement und Kooperationen, Strategische Analysemethoden, Corporate Identity Interview Analyse, Digitalisierung in der Fitness- und Gesundheitsbranche

Nina Arends

Bibliografische Information der Deutschen Nationalbibliothek:

Die Deutsche Nationalbibliothek verzeichnet diese Publikation in der Deutschen Nationalbibliografie; detaillierte bibliografische Daten sind im Internet über http://dnb.d-nb.de abrufbar.

ISBN: 9783346725936
Dieses Buch ist auch als E-Book erhältlich.

© GRIN Publishing GmbH
Nymphenburger Straße 86
80636 München

Druck und Bindung: Books on Demand GmbH, Norderstedt Germany
Gedruckt auf säurefreiem Papier aus verantwortungsvollen Quellen

Das Buch bei GRIN: https://www.grin.com/document/1275439

Deutsche Hochschule für

Prävention und Gesundheitsmanagement

Hermann Neuberger Sportschule 3

66123 Saarbrücken

Einsendeaufgabe

Fachmodul:	Marketing II
Studiengang:	Fitnessökonomie
Datum Präsenzphase:	21.01.2019 – 24.01.2019
Name, Vorname:	Arends, Nina
Studienort:	**Frankfurt, 2.Klasse**
Semester:	**WS 2016**

Inhaltsverzeichnis

TEILAUFGABE 1 – Preismanagement und Kooperationen

Das erste Kapitel beschäftigt sich damit, wie ein Preis für eine Mitgliedschaft in einem Fitnessstudio (in diesem Fall der X&Y Health GmbH) zustande kommt und welche Einflussfaktoren dabei berücksichtigt werden müssen.

1.1 Preiselastizität der Nachfrage

Die Preiselastizität der Nachfrage wird nach folgendem Rechenweg ermittelt:

$$(\varepsilon) = \frac{\text{Änderung der Menge in \%}}{\text{Änderung des Preises in \%}}$$

Im Januar 2017 gibt es 2700 Mitglieder, angenommener Ausgangswert bei Preiserhöhung von 40,90€ auf 45,90€ 2400 Mitglieder.

Berechnung der Menge in %: 2400 x 100 / 2700 = 88,8; 100 % - 88,8 % = 11,12 %

Berechnung des Preises in %: 45,90 x 100 / 40,90 = 112,2; 112,2% - 100 % = 12,22 %

Berechnung der Preiselastizität der Nachfrage:

$$(\varepsilon) = \frac{-11,12\,\%}{12,22\,\%} = \varepsilon = -0,91 \quad <1$$

Die Preiselastizität liegt unter 1. Somit ist die Nachfrage unelastisch und eine 1-prozentige Preisänderung hat eine weniger als 1-prozentige Mengenänderung zur Folge.

Das heißt, bei einer Preiserhöhung erreicht das Unternehmen trotz Mitgliederrückgang einen höheren Umsatz. Unter dem Gesichtspunkt, dass weitere Studios etabliert werden, sollte das Ziel sein, die Preiselastizität der Nachfrage möglichst unelastisch zu halten. Dies lässt sich durch ein breit gefächertes Angebot, um möglichst viele Menschen anzusprechen umsetzen. Es soll nur wenig bis gar keine Konkurrenz mit dem gleichen Preis-Leistungs-Verhältnis geben. Zusätzlich lassen sich Preisveränderungen in Form von Preiserhöhungen gut umsetzen, wenn sie von Käuferseite aus nicht sofort ersichtlich sind. Dementsprechend wird nichts gegen eine Preiserhöhung sprechen, sofern die hohe Service- und Dienstleistungsorientierung weiterhin besteht und das Unternehmen nicht weitaus über dem Durchschnitt für Mitgliedschaftszahlungen im mittleren- bzw. hohen Preissegment liegt. Zudem sollte eine neue Werbestrategie angewendet werden, um möglichst viele Menschen zu erreichen und den entsprechend erhöhten Umsatz folglich sinnvoll zu nutzen.

1.2 Preisbildung

In den Nachfolgenden Kapiteln geht es um die Anlässe der Preisbildung und die dazuge-
hörige kosten- und konkurrenzorientierte Zusammensetzung eines Preises.

1.2.1 Anlässe der Preisbildung

Es stellt sich die Frage, wann überhaupt ein Preis für ein Produkt bzw. eine Dienstleistung
zu bilden ist. Dafür gibt es zum einen den Grund der erstmaligen Festsetzung eines Preises oder aber die Preisänderung. Die Hauptaufgabe ist es, einen Preis zu finden, bei dem
das Unternehmen den höchstmöglichen Gewinn erreicht. Ist der Preis zu hoch, sinkt die
Nachfrage. Der Nutzen im Verhältnis zum Preis der Konkurrenz muss sich dem Kunden
positiv erschließen.

„Einen optimalen Preis gibt es immer. Es ist nur sehr schwierig, ihn zu finden." (nach
Dunker, 2006).

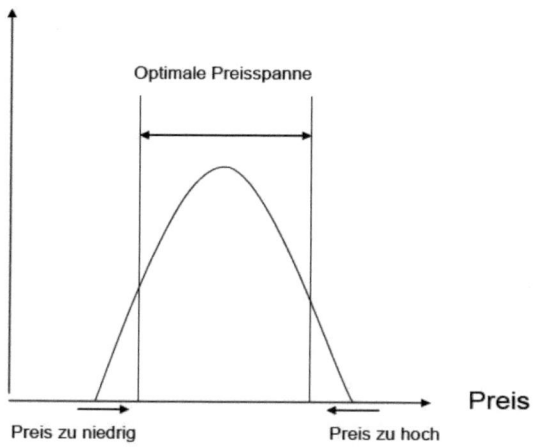

Abb. 1: Optimale Preisspanne (nach Dunker)

Die X&Y Health GmbH hat folgende Anlässe zur Preisbildung:

- Produktinnovationen, -variationen und -differenzierungen

Neue Produkte und Produktvariationen sollen in den Studios erscheinen und dadurch wird
eine Preisänderung erfolgen.

- Markterschließung

Da der Eintritt in neue Märkte innerhalb des Niedrigpreis- und Luxuspreissegments angedacht ist, um die breite Masse abzufangen.

- Kostenveränderungen

Durch die neuen Produkte, Produktvariationen und den Eintritt in neue Märkte werden weitere bzw. höhere Kosten entstehen.

- Veränderung des Marktvolumens

Die Gesamtnachfrage im gesamten Markt wird sich verändern.

Anhand der Anlässe lässt sich eine Produkt- und Leistungsstrategie bilden.

Märkte ➡ Leistungen ⬇	bestehende	neue
bestehende	Marktdurchdringungs-strategie (1)	Marktentwicklungs-strategie (2)
neue	Produktentwicklungs-strategie (3)	Diversifikationsstrate-gie (4)

Tab. 1: Die Produkt-Markt-Matrix (eigene Darstellung, nach Ansoff)

Nach Ansoff lassen sich folgende Strategien anwenden:

- Marktdurchdringungsstrategie (1): Da die Gewinnung neuer Marktanteile mit einem bereits bestehenden Produkt unter Erhöhung von Werbemaßnahmen und Personalschulungen erfolgen soll.
- Marktentwicklungsstrategie (2): Erhöhung des Marktanteils durch neue beziehungsweise erweiterte Zielgruppensetzung.
- Produktentwicklung (3): Neue Produkte und Produkterweiterungen in den Studios sind bereits angedacht. Zudem soll es zu einigen Kooperationen mit anderen Unternehmen kommen.
- Diversifikationsstrategie (4): Das bestehende Sortiment wird um Leistungen erweitert, die in sachlichem Zusammenhang stehen. Es werden also zusätzliche Leistungen auf derselben Stufe der Wertschöpfung vermarktet. Hier spricht man von einer horizontalen Diversifikation.

1.2.2 Kostenorientierte Preisbildung

Das kostenorientierte Preisbildungsverfahren richtet sich nach der betriebsindividuellen Kostensituation, um den Preis zu ermitteln. Das Zuschlagsverfahren stellt das einfachste

Verfahren dar und wird anhand der Berechnung eines Mitgliedschaftsbeitrags pro Monat erläutert.

- Variable Kosten: 8,50 € pro Person/Monat
- Fixe Kosten: 650.000 € /Jahr :12 = 54.166,66 € /Monat
- Erwarteter Absatz: 2800 Mitglieder

$$\text{Mitgliedsbeitrag} = Kv + \frac{Kf}{Menge} = 8,50 + \frac{54.166,66}{2800} = 27,85\ €$$

Die X&Y Health GmbH setzt einen Gewinnaufschlag von 15% an. Der Preis mit Gewinnaufschlag ist gesucht.

Preis (+GA) = 27,85 € / Mitgliedschaft x 1,15 = 32,03 €

Preis (brutto) = 32,03 € / Mitgliedschaft x 1,19 (MwSt.) = 38,12 € (brutto)

Der endgültige Monatsbeitrag beträgt monatlich 38,12 € (brutto) pro Person.

1.2.3 Konkurrenzorientierte Preisbildung

Wenn ein gleich positionierter Konkurrent im näheren Umfeld ein neues Studio eröffnet, wird dieser mit einem Preis von 29,95€ (brutto) nicht lange auf dem Markt sein. Das Studio muss ebenfalls Gewinn schöpfen, um weiterhin wirtschaften zu können. Dementsprechend wird das Unternehmen bald ähnliche oder gar mehr Beitragszahlungen verlangen müssen. Die X&Y Health GmbH hat sich einen guten Ruf verschafft, sodass die Mitglieder wissen, in welchem Studio sie Qualität erhalten. Anzudenken wären einige Kooperationen mit großen Unternehmungen in näherer Umgebung. Firmenfitness würde kostengünstigeres Training für die Mitglieder bedeuten, sodass der Wechsel zur Konkurrenz aus Kostengründen verfällt. Als eine weitere Option wäre die Möglichkeit des Kaufens in Betracht zu ziehen. Da die X&Y Health GmbH ohnehin weitere Studios eröffnen möchte, sollte überlegt werden, ob ein Kauf des Studios möglich und rentabel wäre.

2 TEILAUFGABE 2 – Strategische Analysemethoden

Das Kapitel 2 beschäftigt sich mit der Unternehmensentwicklung und verschiedenen Analysemethoden. Die Idee ist es, eine Fitness-App für das Unternehmen „Freeletics" zu implementieren und so dem zunehmenden Trend der Digitalisierung zu folgen.

2.1 Five-Forces-Modell

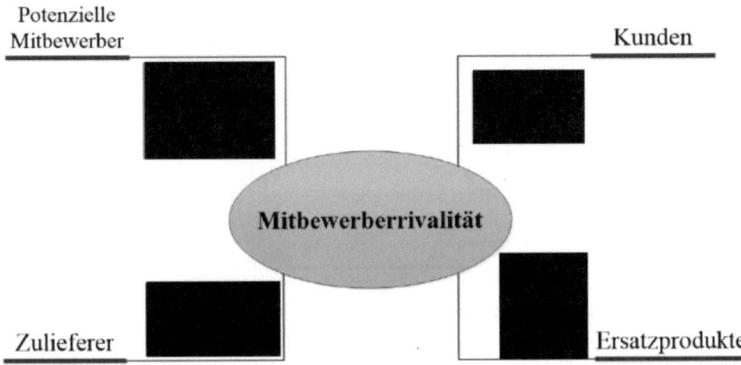

Abb. 2: Five-Forces-Modell (eigene Darstellung, nach Porter)

Die Bedrohung durch den Markteintritt neuer Konkurrenten für Freeletics ist gering. Die Markteintrittsbarriere ist trotzdessen niedrig. Es gibt mittlerweile eine unübersichtliche Menge an Apps auf dem Markt. Allerdings ist Freeletics mit über 30 Millionen Nutzern der deutliche Marktführer im Bereich „Training to-Go". Potenzielle Mitbewerber sind alle Unternehmungen, die Fitnessprogramme ohne jegliche Hilfsmittel zur Verfügung stellen. Zu nennen wäre hier beispielsweise Bodyweight und Runtastic. Zudem zählen aufgrund weiterer Produkte von Freeletics auch alle Sportkleidungsunternehmen zu den direkten Konkurrenten.

Die Kunden haben keine große Verhandlungsstärke. Freeletics bietet ein sehr umfangreiches Training und für jede Art eine andere spezialisierte App an. Die Apps sind kostenfrei. Trainingseinheiten und Ernährungsberatung lassen sich aber mit einem virtuellen Trainer durchführen, der einen gewissen Betrag kostet. Die Konsumenten haben höchstens eine gewisse Verhandlungsstärke aufgrund der Kosten für Bekleidungsware im Vergleich zu anderen Sportmarken.

Es herrscht ganz klar eine Bedrohung für Ersatzprodukte. Zum einen gibt es andere ähnliche Apps. Zum anderen gibt es immer mehr „Cross-Fit"-Angebote. Im Bereich Bekleidungsangebot hält sich Freeletics deutlich zurück. Das Angebot ist klein gegenüber Konkurrenten wie Nike oder Adidas. Sie spezialisieren sich auf die Digitalisierung.

Freeletics setzt auf eine Strategie, die den Wunsch nach Aggregatoren nutzt, eine einfache, gebündelte Lösung zu finden für jede Art von Bedürfnissen. Sie erforschen den Markt und erweitern mit ihrem bereits 120-köpfigen Unternehmerteam ihren Produktkatalog. Der größte Vorteil ist, dass die Dienstleistung unabhängig vom Standort der Kunden ist.

Die Zulieferer sind in dem Fall die Gedanken, Ideen und die Fähigkeiten des Unternehmerteams, die Dienstleistung nutzenorientiert an den Mann zu bringen. Abschließend muss es noch eine Plattform geben, um die Apps anzubieten. Weitere Zulieferer (vor allem für die Bekleidung) sind mir unbekannt.

2.2 Durchführung einer SWOT-Analyse

Stärken	Schwächen	Chancen	Risiken
Training ohne Hilfsmittel (keine Anschaffungskosten).	Kleidungskollektionen zu teuer („Preise utopisch", gruenderszene.de).	Menschen haben „immer weniger Zeit", machen ihr Training gerne zuhause (fit-volution.de).	Cross-Fit-Boxen werden „immer mehr etabliert" und könnten Kunden abwerben (ispo.com).
Unternehmen setzt auf „gute Teamatmosphäre/sympathischer Arbeitgeber" (spiegel.de).	Kleidungskollektion farblich stark eingeschränkt/nüchtern.	Apps sind überregional nutzbar und werden laufend angepasst.	Absprung von wichtigen Investoren und Kooperationspartnern.
Training unabhängig von Aufenthaltsort.	Bekleidungsangebot ahmt die großen Marken wie Nike, Underarmour nach.	Kooperation mit großen Sportkleidungsfirmen wie z.B. Nike möglich.	Falsche Prioritätensetzung ihres Angebots und dadurch weniger Umsatz.

Tab. 2: SWOT-Analyse (eigene Darstellung)

2.3 Erstellung einer SWOT-Matrix

		Externe Analyse	
		Chancen (Opportunities)	Risiken (Threats)
Interne Analyse	Stärken (Strenght)	S-O-Strategien: -App erweitern, FOKUS auf Trainingsmöglichkeiten, da der Mensch es benötigt (Nachfrage vorhanden) -freeletics noch internationaler werden lassen, da Apps keine Barriere bilden	S-T-Strategien: -weiterhin steigende Nutzerzahlen durch die App erheben, um möglichst großen Firmenwert herzustellen (attraktiv für Kooperationspartner bleiben) -noch deutlicher den Vorteil der Ortsunabhängigkeit in den Vordergrund stellen, um Abwerber zu vermeiden
	Schwächen (Weaknesses)	W-O-Strategien: -Freeletics Ware (Bekleidung) verkaufen an anderes Unternehmen, da es sehr den Konkurrenten ähnelt -neue Kollektion bringen/neue Art der Bekleidung kreieren (etwas Neues schaffen)	W-T-Strategien: -attraktive Aus- und Inlandskooperationspartner suchen (gemeinsam neue Strategien entwickeln), um mehr Marktanteile zu gewinnen - Studenten im Bereich Marketing, Medieninformatik etc. könnten gute Ideen miteinbringen, während sie sich damit das Studium finanzieren können.

Tab. 3: SWOT-Matrix (eigene Darstellung)

2.4 BCG-Portfolio und Produktlebenszyklus

Um erklären zu können, in welchem Wachstum sich eine Geschäftseinheit befindet und wie das Verhältnis zum stärksten Konkurrenten ist, muss eine BCG-Portfolio-Analyse erfolgen.

Im Allgemeinen liegen die Fitness-Apps in der BCG-Portfolio im Bereich der „Stars". Die Apps und damit auch die Digitalisierung der Fitnessbranche unterliegen einem hohen und schnellen Marktwachstum. Hier ist ein hoher Cashflow vorzufinden, weswegen immer mehr Unternehmen die Chancen im „App-Markt" in der Gesundheits- und Fitnessbranche wahrnehmen und investieren.

Das Unternehmen „Freeletics" befindet sich derzeit im Bereich des Wachstums und hat stetigen Umsatzzuwachs. Zudem ist die Mitarbeiterzahl von etwa 70 (Stand:2016, t3n.de) auf 120 gestiegen. Das Unternehmen wächst stetig und es ist kein Ende in Sicht. Das Unternehmen wurde 2012 gegründet und bereits 2014 war das Unternehmen so groß, dass eine Umstrukturierung in der Geschäftsführung notwendig wurde. Seit dem wurde die Entwicklungs- und Einführungsphase gemeistert. Sie befinden sich langsam in Richtung „Kuh" der BCG-Portfolio. Das bedeutet, das Unternehmen hat reichlich Cashflow und das Marktwachstum ist reif um ausgeschöpft zu werden.

Erwähnenswert bei „Freeletics", ist der atypische Produktlebenszyklus. Normalerweise kommt es bei Produkten nach bestimmter Zeit zu einem Marktaustritt. Die App ist so modern und zeitlich aktuell, sodass man davon ausgehen kann, dass das Zeitalter der Digitalisierung erst begonnen hat und „Freeletics" weiterhin wachsen wird.

2.5 Fazit

Aus den vorangegangenen Ergebnissen lassen sich Schlussfolgerungen auf die X&Y Health GmbH ziehen. Es sollte klar sein, dass ein stetiges Wachstum immer möglich ist, so lange man mit der Zeit geht. Einerseits sollte die Konkurrenz immer im Auge behalten werden, um auf mögliche Veränderungen situationsgerecht reagieren zu können. Andererseits ist es enorm wichtig, die Zielgruppen klar zu definieren und zu wissen, wie diese auf welche Methoden anzusprechen sind. Die Digitalisierung in der Fitnessbranche ist unausweichlich und befindet sich noch in den Startlöchern. Die X&Y Health GmbH sollte hier einen Schritt voraus sein und eine eigene Fitness-App anbieten, die den Trainingsverlauf dokumentiert und einsehbar macht. Die kunden- und zeitorientierte Sichtweise ist der Schlüssel, um irgendwann eine „Kuh" (im BCG-Portfolio) darzustellen.

3 TEILAUFGABE 3 – Corporate Identity Interview Analyse

3.1 Interview-Analyse

Im dritten Kapitel wird eine Interview-Analyse zum Fallbeispiel „Fitness-First" stattfinden und Fragen zum Thema der Corporate Identity & Marktstrategien beantwortet.

3.1.1 Anzeichen einer Überarbeitung der Corporate Identity

- Farbwechsel von blau zu rot
- Mehr Mitarbeiter, um guten Service zu gewährleisten
- Gegründete „Fitness-First-Academy" (eigene Ausbildungsstätte), um Trainerlizenzen und somit individuelles Personaltraining direkt vor Ort erwerben zu können
- Fitness-Freitag: Ein Mitglied kann an Freitagen je einen Freund mitbringen, der kostenfrei trainieren darf.
- Bike & Beats in den Kursplan mitaufgenommen (aus den USA übernommen)
- Neues Logo (ein F, welches auch eine 1 darstellt)

3.1.2 Gründe einer neuen Ausrichtung der Corporate Identity

Allgemeine Gründe für eine neue Ausrichtung:

- Wechsel des Geschäftsmodells. Ein wachsendes Unternehmen ist dem Wandel unterlegen. Es kommen neue Trends und Innovationen auf den Markt. Dienstleistungen müssen angepasst werden. Das Image und die Positionierung stetig neu anpassen, um für den Kunden transparent zu bleiben.
- Negatives Image. Ein neues Branding kann bei guter Durchführung ein schlechtes Image wieder aufpolieren, sodass eine positivere Marktstellung besteht.
- Simples Wachstum. Bei Studios, die sich zu Beginn der Eröffnung keine großen Gedanken über Logo/Farbe gemacht haben und nun nach stetigen Wachstum ihr Logo professionell bearbeiten.
- Bei Übernahme eines Studios/Kette. Bei Übernahme eines bestehenden Studios oder Kette muss der Corporate Identity angepasst werden, um sich mit dem Vorhaben identifizieren zu können.

Gründe, die auf Fitness-First zutreffen:

- <u>Veralteter Auftritt.</u> Fitness-First hatte einen sehr veralteten und laut Martin Seibold „verstaubten" Auftritt. Für die Gesellschaft stand Fitness-First für alte Geräte, keinen sonderlich tollen Service und für ein wenig innovatives Unternehmen.
  Dem hat der CEO von Fitness-First entgegengewirkt.
- <u>Schlechter Service.</u> Fitness-First war nicht bekannt durch exzellenten Service. Im
  Raum stand eher das Gegenteil. Nun gibt es mehr Mitarbeiter und zugleich eine
  eigene Fitness-First-Academy, um die Mitarbeiter auszubilden und den Kunden
  zu erschwinglichen Preisen ein Personaltraining bieten zu können.

3.1.3 Recherchearbeit weiterer Unternehmen mit Veränderungen der Corporate Identity

Fallbeispiel Bosch	
Veränderungen	-neues Logo → bunt, lebendig, vielfältig, dynamisch
Beweggründe	- „Wir wollen mit vernetzten Lösungen zu mehr Lebensqualität und Ressourcenschonung beitragen. Unser neuer Markenauftritt folgt diesem Anspruch und spiegelt in seiner Gestaltung die Vielfältigkeit und Individualität des Lebens und unserer Produkte wider" (nach Dr.Denner, Vorsitzender Geschäftsführer der Robert Bosch GmbH; www.ci-portal.de) -die Menschen emotional erreichen (auf Smart-Home aufmerksam machen) -Leitspruch „Technik fürs Leben" jetzt noch fokussierter
Logo	

Tab. 4: Fallbeispiel Bosch (eigene Darstellung)

Fallbeispiel Stiftung Warentest	
Veränderungen	-neues Logo → moderner, freundlicher
	-attraktiver für Kunden, die die Zeitschriften kaufen (Design war veraltet und unmodern)

Beweggründe	-neues Logo war zeitgleich auch das Zeichen dafür, dass die Produkte, die es erhielten, durch strenge Vorgaben bewertet wurden -Zuordnung von Produkten einfacher (laut test.de)
Logo	

Tab. 5: Fallbeispiel Stiftung Warentest (eigene Darstellung)

Fallbeispiel comdirect	
Veränderungen	-neues Logo → moderner, klarer, nicht verspielt, leuchtend, kraftvoll
Beweggründe	-„frischer Look unterstreicht strategische Stoßrichtung" (comdirect.de) -smartes Aussehen zum smarten Finanzbegleiter -Marktauftritt klar und konzentriert, soll den Fokus klar definieren und ansprechend sein
Logo	

Tab. 6: Fallbeispiel comdirect (eigene Darstellung)

Fallbeispiel Aldi	
Veränderungen	-neues Logo (moderner, 3D-Look, andere Farben, geschwungene Linien)
Beweggründe	-Aldi bekennt sich dazu, es wolle ihr 80er Jahre Aussehen „etwas auffrischen" (stern.de) -Logo nicht mehr zeitgemäß
Logo	

Tab. 7: Fallbeispiel Aldi (eigene Darstellung)

3.2 Marktstrategien

Im Folgenden werden Wettbewerbsstrategien nach Porter und der Produkt-Markt-Matrix nach Ansoff auf das Fallbeispiel Fitness-First angewendet.

3.2.1 Wettbewerbsstrategien

„Basierend auf der Bewertung des Wettbewerbsumfeldes lassen sich nach Porter drei grundsätzliche Strategieansätze ableiten: Die Strategie der Kostenführerschaft, die Differenzierungsstrategie und die Nischen- bzw. Konzentrationsstrategie" (Kotler & Bliemel, 2006, S. 138 ff.).

Ganz klar verfolgt Fitness First die Differenzierungsstrategie. Das Unternehmen versucht, die eigene Leistung als einzigartig zu gestalten und darüber hinaus einen vergleichsweise höheren Preis zu erzielen. Beispiele hierfür sind die innovativen Entwicklungen im Kursbereich (Bike & Beats). Diese neue Art des Cycling-Kurses ist bisher nur in den USA weit verbreitet. Mit der Einbindung dieser neuen Innovation versucht Martin Seibold für Fitness First ein Alleinstellungsmerkmal zu schaffen. Zudem gibt er im Interview bekannt, dass das Unternehmen seine Servicequalität stark ankurbelt. Mit der Fitness-First-Academy etabliert er ein weiteres Alleinstellungsmerkmal (auch USP genannt). „Durch die zunehmende Marktsättigung und die geringen Qualitätsdifferenzen wird es in Zukunft umso wichtiger, Marktleistungen hinsichtlich bestimmter, kundenrelevanter Merkmale gegenüber dem Wettbewerber deutlicher zu positionieren" (Arentzen & Winter, 1997, S.3379). Neben diesen Aspekten kommen die gesamtheitliche Modernisierung im Studiointerieur und der Fitness-Freitag hinzu. Bestandskunden können jeden Freitag einen Freund mitbringen, dieser wiederum wird sicher auch jemanden mitbringen wollen (sofern er Bestandskunde wird) und so beginnt gut ausgelegtes Marketing.

Weitere Wettbewerbsstrategien mit Beispielunternehmen aus der Sport- und Gesundheitsbranche:

- Strategie der Kostenführerschaft. Als Beispiel ist hier „McFit" als Discountbetrieb zu erwähnen. Bei dieser Strategie wird im Vergleich zum Wettbewerb eine sehr niedrige Kostenstruktur angestrebt. Es existieren viele Studios, ein hoher Marktanteil und günstige Rohstoffe.
- Nischen- bzw. Konzentrationsstrategie. Das Unternehmen konzentriert sich nicht auf den Gesamtmarkt, sondern auf klare Nischengruppen, beispielsweise „Kieser

Training" (im Volksmund der Rückenexperte). Hier wird innerhalb der Nische die Kostenführerschaft oder die Differenzierung angestrebt.

3.2.2 Strategien nach der Produkt-Markt-Matrix

Strategien nach der Produkt-Markt-Matrix nach Ansoff (Fallbeispiel: Fitness First)	
Diversifikationsstrategie (horizontal)	Bestehendes Sortiment wird um Leistungen erweitert (neues Interieur).
Diversifikationsstrategie (vertikal)	Sortimentstiefe wird erweitert, dadurch dass sie unabhängiger durch ihre Fitness-First-Academy sind. Sie sind im Bereich „Bildung und Fähigkeit der Mitarbeiter" selbstständiger als andere Unternehmen.
Marktdurchdringung	Vergrößerung des Marktanteils durch folgende Vorgehensweisen: Gewinnung von Kunden der Konkurrenz durch Fitness-Freitag, Intensivierung des persönlichen Verkaufes durch mehr und besser geschulte Mitarbeiter, Verbesserung des Kundendienstes durch beispielweise Personaltraining, Verstärkung der Werbung durch Veränderung des Corporate Identity, Gewinnung von bisherigen Nichtverwendern durch Innovationen wie Bike & Beats.

Tab. 8: Produkt-Markt-Matrix nach Ansoff Fallbeispiel Fitness First (eigene Darstellung)

4 TEILAUFGABE 4 – Digitalisierung in der Fitness- und Gesundheitsbranche

Das Kapitel 4 befasst sich mit der Digitalisierung in der Fitness- und Gesundheitsbranche im Bezug auf das in der Aufgabenstellung beschriebene Fallbeispiel.

Vorschläge zur Umgestaltung Fallbeispiel „Fitnessstudio Kohl"	
Vorschlag 1	Studio renovieren. Wenn der Service und die Kompetenz der Trainer/Mitarbeiter gut ist, gibt es als Kritikpunkt nur noch das veraltete Studio. Es wurde bereits herausgearbeitet, dass das der Hauptgrund für die Kündigungen seien. Die Kunden erwarten bei dem heutigen Angebot ein modernes Studio, lichtdurchflutet, hell, freundlich und Geräte, die auf dem neusten Stand sind.

Vorschlag 2	Eine Fitness-App entwickeln, die an das Studio gebunden ist und nur mit einer Mitgliedschafts-Identifikationsnummer benutzt werden kann. Somit können sich die Mitglieder untereinander duellieren und motivieren. Es verschafft dem Kunden eine gewisse Übersicht, da heutzutage kaum jemand ohne Handy trainieren geht. Trainingspläne/Kurspläne/Neuigkeiten/Terminvergaben können so bequem standortunabhängig eingesehen und gemacht werden.
Vorschlag 3	Anpassung des Kursplans aus demographischen Gegebenheiten. Es gibt heutzutage immer mehr „alte" Menschen und kaum jüngere. Jeder dritte Mensch wird über 60 Jahre alt. Das Kursangebot ist ausgelegt für junge, bewegliche und fitte Menschen. Oft wird die ältere Generation im Kursprogramm gänzlich vernachlässigt. Es sollte mehr Möglichkeiten geben wie beispielsweise Aqua Aerobic im anliegenden Schwimmbad, Rehasport in den Kursräumen, Beweglichkeitskurse, Faszienkurse 50+.
Vorschlag 4	Kooperationspartner in Kreuzberg und Umgebung suchen. Hier gibt es viele große Firmen, die durchaus bereit wären, in Form von betrieblichen Gesundheitssport (Firmenfitness) Mitgliedschaften abzuschließen. Für das Unternehmen ein großer Mehrwert, da ihre Angestellten deutlich weniger krankheitsbedingt ausfallen, sich vitaler fühlen und ihrer Arbeit motivierter nachgehen. Für das Fitnessstudio Kohl bedeutet dies zusätzliche Einnahmen, bessere Auslastung und Möglichkeit auf weitere Neukunden durch positive Mundpropaganda.

Tab. 9: Vorschläge zur Umgestaltung des „Fitnessstudio Kohl"

Gefahr zu Vorschlag 1:

Sehr kostenintensiv. Die Gefahr besteht, dass die Kunden trotzdem nicht wiederkommen. Durchaus ließe sich andenken, zunächst die Geräte nicht zu erneuern, dafür aber das Studio komplett zu renovieren. Ein „Willkommen-zurück-Angebot" als Kündigungsrückholungsverfahren würde ich zusätzlich planen.

Gefahr zu Vorschlag 2:

Die Generation, die ohne Handy aufgewachsen ist, etwa jetzt 60 Jahre aufwärts alt, wird in dieser Innovation keinen Mehrwert entdecken.

Eventuelle Probleme, da schon einige verschiedene Fitness-Apps benutzen und kein zweites auf ihrem Smartphone verwenden wollen. Allerdings sollte die App auch als zusätzliches Feature angesehen werden. Die App wird für niemanden ein Muss sein.

Gefahr zu Vorschlag 3:

Die jüngere Generation könnte sich darüber beschweren, dass Kurse weichen müssen, um neue zu etablieren, die für sie nicht infrage kommen. Dagegenwirken könnte man, indem die Kurse am Vormittag/Mittag stattfinden (üblicherweise sind zu diesen Zeiten die Kursräume nicht ausgelastet).

Gefahr zu Vorschlag 4:
Es könnte zu einer zu hohen Auslastung im Studio kommen. Durchaus wäre hier ein weiterer Kooperationspartner anzudenken, der Platz für weitere Mitglieder im Studio bietet. Abschließend kann es bei so einem Ausmaß auch sinnvoll sein, ein weiteres Fitnessstudio zu eröffnen.

5 Literaturverzeichnis

Arentzen, U. & Winter, E. (1997). *Gabler-Wirtschaftslexikon* (14., vollständig überarbeitete und erweiterte Aufl.). Wiesbaden: Gabler.

Dunker, M. (2006). *Marketing* (Das @Kompendium, 2. Aufl.). Rinteln: Merkur.

Kotler, P. & Bliemel F. (2006). *Marketing-Management. Analyse, Planung und Verwirklichung* (10., überarbeitete und aktualisierte Aufl.). München: Pearson.

Internetquellen:
https://www.gruenderszene.de/datenbank/unternehmen/freeletics
http://www.spiegel.de/gesundheit/ernaehrung/fitnessprogramm-freeletics-hochintensives-kraft-workout-a-1020896.html
https://www.4yourfitness.com/blog/freeletics-alternativen
https://shop.freeletics.com/collections/gear-bundles
https://www.gruenderszene.de/allgemein/freeletics-kollektion-preise?interstitial
https://t3n.de/news/freeletics-fitness-app-bekommt-millionen-1102183/
https://fitvolution.de/mehr-zeit-fuer-sport-tipps/
https://www.ispo.com/knowhow/id_77570882/im-crossfit-fieber-sport-oder-lebenseinstellung-.html
https://www.bravo.de/die-besten-fitness-apps-346774.html
https://www.gruenderszene.de/allgemein/freeletics-interview?interstitial
https://www.ci-portal.de/neuer-markenauftritt-von-bosch/

https://www.test.de/presse/pressemitteilungen/Neues-Corporate-Design-der-Stiftung-Warentest-Veraenderte-Bedingungen-fuer-die-Werbung-mit-Testergebnissen-1672687-0/

http://www.wikiwand.com/de/Test_(Zeitschrift)

https://www.comdirect.de/cms/ueberuns/de/presse/cori1088_1118.html

https://www.stern.de/wirtschaft/news/aldi-sued--so-schrecklich-finden-design-experten-das-neue-logo-7358388.html

https://www.bpb.de/politik/innenpolitik/demografischer-wandel/

6 Abbildungs- und Tabellenverzeichnis

6.1 Abbildungsverzeichnis

6.2 Tabellenverzeichnis